ACTO DE INVESTIDURA DEL GRADO DE DOCTOR HONORIS CAUSA

AMADO FRANCO LAHOZ

Universidad de Zaragoza, 8 de noviembre de 2024

Prensas de la Universidad de Zaragoza
     Edificio de Ciencias Geológicas
     c/ Pedro Cerbuna, 12 • 50009 Zaragoza, España
     Tel.: 976 761 330
     puz@unizar.es   http://puz.unizar.es

Impreso en España
Imprime: La Imprenta Comunicación Gráfica, S.L.
ISBN 978-84-1340-918-4
Depósito legal: Z 1812-2024

ÍNDICE

LAUDATIO
CEREMONIA DE INVESTIDURA
COMO DOCTOR *HONORIS CAUSA*
DE D. AMADO FRANCO LAHOZ

Con la venia del Rector Magnífico de la Universidad de Zaragoza
Claustro togado
Autoridades
Miembros de la Comunidad universitaria
Familiares
Señoras y señores

No puedo comenzar esta *laudatio* que tengo el privilegio de pronunciar, sino agradeciendo, en nombre propio y en el de la Dra. Labrador, al Departamento de Contabilidad y Finanzas de la Universidad de Zaragoza, promotor de la propuesta de investidura como doctor *honoris causa* de D. Amado Franco Lahoz, que se nos haya designado como padrinos para este solemne acto.

Privilegio y honor el de poder dirigirme a ustedes para exponer los excepcionales méritos de D. Amado Franco que le hacen merecedor del máximo reconocimiento de nuestra Universidad, en un marco único como es el salón Paraninfo, en el que se desarrollan las ceremonias más importantes de la Universidad y desde esta Cátedra presidida por la abeja, símbolo de la laboriosidad inteligente.

A diferencia del grado de doctor, que se obtiene mediante la defensa de la tesis doctoral ante un tribunal que la juzga, el doctorado *honoris causa* no requiere la realización de prueba alguna, pero no por ello es menos exigente el procedimiento, que concluye finalmente con la aprobación del máximo órgano de gobierno de la Universidad, el Consejo de Gobierno presidido por el Rector.

Si bien tal distinción suele ser otorgada a académicos destacados en el campo de la investigación y la docencia, en esta ocasión recae en alguien cuyo prestigio se ha cimentado en sus extraordinarias contribuciones, desde los ámbitos de responsabilidad que ha ejercido y ejerce, al desarrollo de la economía aragonesa. No exagero si afirmo que nuestra Comunidad Autónoma no se explica sin las muchas iniciativas emprendidas bajo su liderazgo, iniciativas a las que me referiré más adelante, ya que antes quiero comentar brevemente el proceso que nos ha traído hasta este acto.

El proceso establecido por la Universidad de Zaragoza para otorgar esta distinción es muy exigente: intervienen el Consejo del Departamento del órgano proponente, la Comisión de doctorado, la Junta Consultiva y el Consejo de Gobierno. En todas estas instancias la decisión ha sido tomada por unanimidad.

Además, la preceptiva Memoria que contiene la propuesta del Departamento incluye cartas de apoyo del Rector y su equipo de Gobierno, del presidente del Consejo Social y de los patronos de la Universidad, de la alcaldesa de Zaragoza y del arzobispo de Zaragoza, de los exrectores Pétriz y Badiola, del Rector de la Universidad de Deusto, donde cursó estudios superiores nuestro nuevo doctor, la práctica totalidad de decanos y directores de los centros de la Universidad de Zaragoza, un elevado número de doctores, tanto vinculados a la Facultad de Economía y Empresa como a otros centros, del último doctor *honoris causa* de nuestra Universidad propuesto desde la Facultad de Economía y Empresa, Dr. José Luis García Delgado, y del profesor honorario de la Universidad de Zaragoza Dr. Luis Oro Giral. También han apoyado la propuesta las máximas responsables del Gobierno de Aragón en materia de universidades, la consejera de Educación, Ciencia y Universidades y la directora general de Universidades.

Además de la extraordinaria acogida en el ámbito universitario, desde organizaciones sociales, económicas y culturales del mayor prestigio, no solo de Aragón, acompañan a la Memoria mencionada 50 cartas de apoyo a la iniciativa. (En anexo constan estas organizaciones).

Como puede apreciarse, la acogida a la propuesta, en el entorno universitario y fuera de él, ha sido extraordinaria, tanto en número como en calidad de los firmantes de dichas cartas, lo que avala el prestigio excepcional del candidato, condición requerida por nuestra Universidad para otorgar su más alta distinción.

Hecha esta breve referencia al proceso seguido, nuestro discurso se va a centrar, como corresponde a este acto, en el elogio, *laudatio,* de la persona objeto de la distinción. Para ello trataré de trasladarles los méritos que la avalan.

La propuesta del Departamento de Contabilidad y Finanzas de otorgar el título de doctor *honoris causa* a D. Amado Franco contenida en la Memoria elevada a la Universidad de Zaragoza se apoya en dos pilares, su trayectoria excepcional que ha contribuido de forma notable al desarrollo económico y social de Aragón y su destacada relación con nuestra Universidad.

Amado Franco ha desarrollado su carrera profesional desde 1970 en la entidad financiera que hoy conocemos como Ibercaja Banco, Caja de Ahorros de Zaragoza, Aragón y Rioja (CAZAR) hasta 2011. Desde 1987 como primer responsable en la línea ejecutiva, ocupando el cargo de director general, después como presidente del consejo de administración de la Caja, de 2004 a 2011, y finalmente de Ibercaja Banco hasta 2017, año en el que pasó a presidir la Fundación Bancaria Ibercaja (FBI).

Además, ha tenido, y mantiene, una presencia muy activa en otras importantes entidades. Valgan como ejemplo la presidencia de CASER, la de Endesa-Gas, de la Fundación CASER, la Vicepresidencia del consejo de administración de la Confederación Española de Cajas de Ahorros, o la pertenencia a la Confederación Internacional de Crédito Agrícola.

A lo largo de los años en los que ha tenido las máximas responsabilidades en Ibercaja, se adoptaron decisiones determinantes para la propia supervivencia de la entidad y para el desarrollo de Aragón.

Entre las primeras, se tomaron decisiones estratégicas que han permitido que Ibercaja se haya mantenido como entidad independiente, pese a las presiones de diluirse en fusiones deseadas y promovidas desde distintos ámbitos.

Citaré algunas de tales decisiones estratégicas:

- El cambio de imagen de marca en 1988: la antigua CAZAR pasó a ser la nueva Ibercaja, que, más allá de la imagen, acompañaba una necesaria modernización que permitiera a la entidad competir en el mercado financiero en el que las reformas legales (Reforma de Fuentes Quintana/1977, LORCA/1985, Ley Solchaga/1988) habían difuminado los roles tradicionales de bancos y cajas.
- La creación del grupo financiero, que distingue al grupo Ibercaja de sus competidores naturales, formado por las gestoras de Fondos de Inversión, Planes de pensiones, Seguros, *Leasing* y *Renting,* que han contribuido de forma muy notable a la actual solidez de Ibercaja Banco.

- La expansión de la entidad a todo el territorio nacional, llegando a mantener oficinas en todas las provincias del Estado.
- La decisión, en 2006, de modular y ser más selectiva en la financiación de promociones inmobiliarias, en un contexto de excesivo crecimiento de la construcción residencial y del endeudamiento de las empresas de este sector y de los hogares para la adquisición de viviendas. Aquella decisión de «frenar» la exposición crediticia al mercado inmobiliario, al contrario de lo que estaban haciendo la mayoría de las entidades del sector, renunciando a éxitos cortoplacistas que obtenían sus competidores, posibilitó dotar a la entidad de la capacidad necesaria para afrontar la severa crisis de 2008.

Todas estas y otras reformas se llevaron adelante bajo el impulso de nuestro nuevo doctor. Las reformas han tenido como consecuencia dotar a la entidad de una fortaleza que ha hecho que hoy Ibercaja Banco sea una entidad envidiada en el sector.

Pero ¿cómo ha influido esto en nuestra Comunidad Autónoma? Como es sabido, uno de los objetivos de las cajas era el de contribuir al desarrollo económico y social del territorio de actuación.

Por lo que hace a Ibercaja, poniendo el foco en las acciones desarrolladas bajo el liderazgo de Amado Franco, ha participado activamente en proyectos estratégicos determinantes para el desarrollo económico de Aragón. Citaré algunos ejemplos:

- El *holding* de la nieve ARAMON, que ha impulsado el dinamismo económico, poblacional y social del Pirineo oscense y de las sierras de Teruel.
- Las iniciativas de crecimiento del sector agroalimentario aragonés (bodegas en Cariñena y Somontano, jamón de Teruel, aceite en el Bajo Aragón, etc.).

- La configuración y la puesta en marcha de las plataformas logísticas de las tres provincias aragonesas (Plaza en Zaragoza, Plhus en Huesca y Platea en Teruel).
- La adquisición y posterior permuta con el Ayuntamiento de Zaragoza de los terrenos de Ranillas, elemento clave en la elección de Zaragoza como sede de la Exposición Internacional de Zaragoza de 2008.

También cabe mencionar que la FBI no es ajena a actividades de desarrollo del territorio, aunque, como heredera de la Obra Social de Ibercaja, la Fundación se centra más en actividades sociales, educativas y culturales. Valga como ejemplo el Proyecto *Mobility City*, que ha devuelto a la ciudadanía el espectacular puente diseñado por la arquitecta Zaha Hadid en 2008 para la Expo Internacional de Zaragoza.

Con respecto al segundo pilar de la propuesta del Departamento de Contabilidad y Finanzas, la relación con la Universidad de Zaragoza, Amado Franco, como máximo responsable de Ibercaja, siempre ha mostrado un profundo compromiso con la Universidad, facilitando numerosas colaboraciones. Citaremos dos de ellas a modo de ejemplo de este compromiso:

- En 1988 se firmó entre la Universidad de Zaragoza y CAZAR un convenio mediante el cual cada año se incorporarían a la entidad ocho licenciados de las facultades de Ciencias Económicas y Empresariales y de Derecho, cuatro de cada facultad. A propósito de este programa, que se prolongó varios años, señalaremos que una gran parte del actual equipo directivo de Ibercaja inició su carrera profesional por medio del convenio, entre ellos su actual consejero delegado.

– En 1997 se creó la *Revista de Economía Aragonesa,* que durante más de 25 años ha sido un vehículo de publicación de investigaciones y estudios de profesores e investigadores universitarios.

Todavía se ha hecho más evidente el compromiso de Amado con la Universidad de Zaragoza desde su responsabilidad como presidente de la FBI. En sus 10 años de existencia, las colaboraciones de la FBI con la Universidad se pueden cifrar en más de 10 millones de euros.

Colaboraciones en la financiación de becas (Programa Erasmus, de Doctorado, de Estancias de Investigación, de Proyectos I+D+i para jóvenes investigadores, para cursos extraordinarios); el firme apoyo y participación en diversas cátedras institucionales de nuestra Universidad; el acuerdo de colaboración para favorecer la accesibilidad y la integración de estudiantes con discapacidad; la colaboración en los Premios de emprendimiento rural creados para dinamizar las poblaciones rurales fijando población, dirigidos a estudiantes de la Universidad de Zaragoza y de las universidades que forman la Alianza Unita (junto con la nuestra, las de Turín, Pau, Saboya, Timisoara y Beira en Italia, Francia, Rumanía y Portugal). Desde la Fundación, se ha colaborado en diferentes jornadas, simposios y congresos, másteres, etc.

Por último, no puedo dejar de mencionar algunas de las numerosas distinciones recibidas por Amado Franco a lo largo de su brillante trayectoria profesional: Hijo Predilecto de la Ciudad de Zaragoza en 2005; Medalla Pro Mérito del Consejo de Europa en 2010; Medalla de Oro de la Cámara de Comercio e Industria de Zaragoza en 2017; Medalla al Mérito en el Trabajo, concedida por el Gobierno de España en junio de 2017; Premio Empresario de Aragón 2018; miembro de honor de la Fundación Carlos III en febrero de 2024.

Estos son los méritos objetivos, algunos de ellos, que no son sino consecuencia de una persona con cualidades igualmente, como sus méritos, excepcionales.

Karl Popper dijo: «Debemos aprender la lección de que la honestidad intelectual es fundamental para todo aquello que nos importa».

Amado Franco, a lo largo de su larga trayectoria profesional de más de 50 años, ha desarrollado un liderazgo que muy pocos profesionales alcanzan, liderazgo teñido por la austeridad, la honradez y, como decía Popper, la honestidad intelectual. Virtudes acompañadas por su independencia de criterio.

Como consecuencia, sus decisiones han sido respetadas por la entidad que ha dirigido tantos años, por supuesto, pero también, lo que es más complicado, por los gobiernos, los competidores y los supervisores. Esto ha sido crucial para la supervivencia de Ibercaja y el mantenimiento de su sede social en Aragón.

Amado Franco está adornado por las mejores virtudes de aquellos ilustrados que, entre otras cosas, crearon en 1876, hace casi 150 años, la Caja de Ahorros y Monte de Piedad de Zaragoza.

Concluyo. En la página web de la Universidad de Zaragoza, el apartado relativo a los doctorados *honoris causa* viene encabezado por una cita de Tomás de Aquino: «El honor se tributa a una persona como prueba del bien que hay en ella».

Lo expuesto nos permite pensar que Amado Franco Lahoz cumple sobradamente con esta exigencia, lo que legitima su incorporación al Claustro de doctores de la Universidad de Zaragoza.

Muchas gracias.

Vicente Condor López

Margarita Labrador Barrafón

ANEXO.
APOYOS DE ENTIDADES E INSTITUCIONES

- Academia General Militar
- Aragón Exterior
- Asociación Aragonesa de Mujeres Empresarias
- Asociación Española contra el Cáncer
- ATADES
- Cámara Oficial de Comercio e Industria de Teruel
- Cámara Oficial de Comercio, Industria y Servicios de Huesca
- Cámara Oficial de Comercio, Industria y Servicios de Zaragoza
- Cáritas
- CEOE Aragón
- Colegio Notarial de Aragón
- Colegio Oficial de Economistas de Aragón
- Confederación de la Pequeña y Mediana Empresa Aragonesa
- Confederación Española de Cajas de Ahorros (CECA)
- Consejo Aragonés de Cámaras de Comercio, Industria y Servicios
- Cruz Roja Aragón
- Cuerpo Consular de Aragón
- Directivas de Aragón
- Director artístico del Museo Nacional Thyssen-Bornemisza
- *El Periódico de Aragón*
- Federación de Jóvenes Empresarios de Aragón (AJE)
- Fundación Amigos del Museo del Prado
- Fundación Bancaria Ibercaja
- Fundación Basilio Paraíso
- Fundación Carlos III

- Fundación de las Cajas de Ahorros (FUNCAS)
- Fundación Excelentia
- Fundación Federico Ozanam
- Fundación Lázaro Galdeano
- Fundación Manuel Giménez Abad
- Fundación Ramón Rey Ardid
- Fundación Santa María de Albarracín
- Fundación Transforma España
- Grupo Henneo
- *Heraldo de Aragón*
- Ibercaja Banco
- Instituto Aragonés de Fomento
- Instituto de Censores Jurados de Cuentas de España. Agrupación 8.ª
- Instituto Tecnológico de Aragón
- Justicia de Aragón
- *Prensa Ibérica en Aragón*
- Real Academia Aragonesa de Jurisprudencia y Legislación
- Real Academia de Bellas Artes de San Fernando
- Real Academia de Ciencias de Zaragoza
- Real Academia de Jurisprudencia y Legislación de España
- Real Academia de la Historia
- Real Academia de Nobles y Bellas Artes de San Luis
- Real e Ilustre Colegio de Abogados de Zaragoza
- Real Fórum de Alta Dirección
- Real y Excelentísima Sociedad Económica Aragonesa de Amigos del País

CEREMONIAL

Para la investidura
como doctor *honoris causa*
por la Universidad de Zaragoza

D. AMADO FRANCO LAHOZ

Serán sus padrinos académicos los profesores doctores:
D. Vicente Condor López
D.ª Margarita Labrador Barrafón

Los componentes de la comitiva académica ocupan los lugares reservados a ellos en el estrado (el candidato se habrá quedado fuera del salón Paraninfo). Tras el *Veni Creator,* que se escucha en pie y con la cabeza descubierta, el Rector dice:

— *Sedete et tegite caput.*

(Sentaos y cubríos)

El Rector ordena a la secretaria general la lectura del acuerdo por el que se propone la concesión del Grado honorífico.

— *Lege Studii Generalis Civitatis Caesaraugustanae senatusconsultum.*

(Lee el Acuerdo del Consejo de Gobierno de la Universidad de Zaragoza)

Realizada la lectura, el Rector ordena a los padrinos:

— *Ite arcessite candidatum.*

(Id a buscar al candidato)

Los padrinos, precedidos por los maceros, van a buscar al candidato. Acude este, destocado, acompañado de sus padrinos, y saluda a la Presidencia con una inclinación de cabeza en el momento en que es nombrado por la secretaria general. Repite el saludo al Claustro y se sitúan, en pie, junto a su sitio en el estrado.

Finalizada la presentación, les dice el Rector:

— *Sedete.*

(Sentaos)

Y, dirigiéndose a los padrinos:

— *Pronuntietur a patronis laus candidati.*

(Hágase por los padrinos el elogio del candidato)

El profesor de la Facultad de Economía y Empresa D. Vicente Condor López ocupará la Cátedra y pronunciará el elogio del candidato.

Finalizado el elogio, el Rector dice al Claustro y a los presentes:

— *Levate.*

(Levantaos)

Y pregunta al Claustro:

— *Conceditisne ut Amado Franco Lahoz Honoris Causa munia doctoris induatur?*

(¿Estáis de acuerdo con que Amado Franco Lahoz sea revestido con los atributos doctorales *honoris causa?*)

El Claustro responde:

— *Concedimus.*

(Lo estamos)

El Rector dice al candidato:

— *Auctoritate mihi concessa legibus Regni et Studii Generalis Civitatis Caesaraugustanae, tibi confero Gradum Doctoris*

Honoris Causa. Patroni insignibus doctoralibus te vestient et eorum significationem explicabunt.

(Por la autoridad que me otorgan las leyes del Reino y de la Universidad de Zaragoza, te confiero el grado de doctor *honoris causa*. Tus padrinos te investirán con las insignias doctorales y te explicarán su significado)

Y advierte a los presentes:

— *Sedete.*

(Sentaos)

Los padrinos y el candidato se disponen para la investidura, saludando con una inclinación de cabeza a la Presidencia.

El padrino principal muestra a su candidato el birrete, mientras dice:

— *Accipe pileum quo non solum splendore ceteros praecedas, sed quo etiam tamquam Minervae casside ad certamen munitior sis.*

(Recibe el birrete no solo para que sobresalgas de entre los demás, sino también para que estés mejor protegido en el combate, como con el casco de Minerva)

Le impone el birrete.

Mostrándole el libro abierto, dicen (los dos padrinos):

— *En librum apertum ut scientiarum arcana reseres.*

(He aquí el libro abierto, para que accedas a los secretos de las ciencias)

Mostrándoselo cerrado, dicen:

— *En clausum ut eadem prout oporteat intimo pectore custodias.*

(Helo cerrado, para que, según proceda, lo guardes en lo profundo del corazón)

Se lo entregan diciendo:

— *Do tibi facultatem legendi, intelligendi et interpretandi.*

(Te doy la facultad de enseñar, de comprender y de interpretar)

Padrinos y candidato se abrazan, vuelven a sus lugares y permanecen en pie.

Terminada la investidura del candidato, el Rector dice a los restantes:

— *Levate.*

(Levantaos)

Y dice a la secretaria general:

— *Lege promissum novo doctori.*

(Lee el juramento al nuevo doctor)

La secretaria general, mostrando los Estatutos de la Universidad de Zaragoza, pregunta al candidato:

— *Promittis observare et adimplere omnia et singula quae sequuntur?*

(¿Prometes observar y cumplir todas y cada una de las cosas que siguen?)

El candidato responde:

— *Sic promitto et sic volo.*

(Así prometo y quiero)

22

Y sigue la secretaria general:

— *Primo, semper et ubicumque fueris, iura et privilegia, honorem Studii Generalis Civitatis Caesaraugustanae conservabis et semper id iuvabis, favorem, auxilium et consilium praestabis in factis et negotiis universitatis quotiens fueris requisitus?*

(Y, en primer lugar, siempre y doquier estuvieras, ¿guardarás siempre los derechos y privilegios y el honor de la Universidad de Zaragoza y la ayudarás siempre y le prestarás tu concurso, apoyo y consejo en los asuntos y negocios universitarios tantas veces cuantas fueras requerido?)

El doctorando contesta:

— *Sic promitto et sic volo.*

(Así prometo y quiero)

El Rector añade:

— *Accipio promissum vostrum. Studium Generale Civitatis Caesaraugustanae testis est et iudex erit si fidem decederes.*

(Recibo tu promesa, la Universidad de Zaragoza es testigo y será juez si faltaras al compromiso)

La secretaria general nombra al nuevo doctor, que se acerca a la Mesa Presidencial para que el Rector le imponga la Medalla y le entregue el Título.

Vuelve a su sitio en el estrado.

A continuación el Rector dice:

— *Sedete.*

(Sentaos)

El Rector da la palabra al nuevo doctor.

— *Puede ocupar la Cátedra el Doctor Amado Franco.*

El doctor *honoris causa,* acompañado por sus padrinos, ocupa la Cátedra y pronuncia su discurso.

Al finalizar la intervención del nuevo doctor, el Sr. Rector Magnífico toma la palabra.

Terminado su discurso, el Rector dice:

— *Pongámonos en pie para entonar el Gaudeamus Igitur.*

Terminado el *Gaudeamus Igitur,* el Rector clausura el acto.

CAJA O BANCO

Amado Franco Lahoz

Rector Magnífico de la Universidad de Zaragoza
Miembros del equipo rectoral y del Claustro
Distinguidos doctores
Autoridades
Queridos compañeros de mi viaje de más de 50 años por el
    apasionante mundo de las cajas de ahorros
Esposa M.ª Pilar, hijos y familia
Señoras y señores

Mis primeras palabras tienen que ser de sincero agradecimiento.

Gracias a todos los que habéis hecho posible esta distinción, este reconocimiento.

Gracias, Rector; gracias, padrinos; gracias a todos los que me habéis propuesto y habéis hecho posible este día que quedará para siempre grabado en mi memoria.

Yo nací en Zaragoza hace ya unas cuantas décadas. Mi esposa y mis hijos nacieron también en Zaragoza. Mis padres y mis suegros emigraron desde sus pueblos de Berge, Azuara, Calatayud y Cariñena a Zaragoza durante la Guerra Civil.

Toda mi vida, excepto los años de universidad en Deusto, han tenido lugar en esta ciudad, y además prácticamente en la misma hectárea de terreno. A 200 m de donde nos encontramos estaba el Colegio del Salvador, donde estudié el bachiller, y hoy en ese mismo terreno está la sede central de Ibercaja.

Con estos antecedentes no es difícil de comprender que, además de mi familia, mis dos pasiones han sido mi tierra (Zaragoza, Aragón) y el mundo de las cajas de ahorros (CA). Me incorporé a Ibercaja hace más de 54 años y todavía sigo a ella ligado.

Y, así mismo, también será fácil entender que el tema de mi conferencia tenía que forzosamente versar sobre las cajas de ahorros.

1. Introducción

Cuando estalla la crisis del 2008, las CA en España tenían el 50 % de la cuota de mercado, la mitad del sistema financiero: la mitad de los ahorros de los españoles estaban depositados en las CA, que cada año destinaban a obras sociales más de 2000 millones de euros. Y en tan solo 5 años las cajas desaparecen como tales del escenario financiero.

Unas instituciones con 150 años de historia, en teoría idóneas para realizar una actividad financiera socialmente responsable, unas fundaciones no lucrativas que desarrollarán con éxito su labor económica y social en un mundo financiero capitalista desaparecen de la noche a la mañana, justo cuando más falta hacían.

¿Por qué? ¿Fue invevitable? ¿Era necesaria su desaparición? ¿Y ahora qué? ¿A esos bancos que eran cajas les ha cambiado el ADN?

Para intentar dar respuesta a estas preguntas creo que es útil recordar, aunque sea brevemente, el origen y evolución de las entidades financieras en Europa.

La actividad financiera es más antigua que incluso el dinero. Los babilonios, egipcios y fenicios utilizaban las semillas y el grano como dinero antes de que aparecieran las monedas de cobre, plata u oro.

Los templarios y las cruzadas significan un gran avance hacia la banca moderna. El guerrero o el peregrino que iba a las cruzadas entregaba dinero a la salida en la iglesia templaria de Inglaterra, para retirarlo en la iglesia de Jerusalén a su llegada.

La palabra *banco* proviene de los asientos o bancos de madera sitos en las plazas públicas de Génova, Venecia o Florencia, donde las grandes familias del Renacimiento realizaban sus operaciones financieras de préstamo y de depósito.

Pero es el siglo XVIII o siglo de las Luces, el siglo de la Ilustración, el que facilitó el camino hacia una economía de mercado y supuso el nacimiento de instituciones que hoy llamamos bancos y cajas.

La Ilustración como corriente de pensamiento nace en Francia y descartaba tanto los dogmas religiosos como las verdades absolutas. La realidad se conoce siempre a través, decía, del estudio, la investigación y el uso de la razón.

La Ilustración cuestiona las verdades del Renacimiento, significa el imperio de la razón sobre la fe.

Pensadores como Montesquieu en su obra *El espíritu de las leyes* defendiendo la división de poderes o Rousseau en *El contrato social* afirmando que el soberano debe gobernar de acuerdo con la voluntad del pueblo no solo influyen e iluminan movimientos como la Revolución francesa o la independencia de las colonias inglesas de América del Norte, sino que también suponen el nacimiento del liberalismo y de la economía moderna con Adam Smith, padre de la economía política como ciencia.

La obra y el pensamiento de este filósofo escocés han tenido una gran influencia en el mundo económico. Célebres se han hecho expresiones suyas como «El interés personal es el que genera riqueza y prosperidad, y es ese comportamiento egoísta individual el que conduce a una mejora del bienestar social o colectivo» o «La búsqueda del beneficio personal es el incentivo más poderoso para el desarrollo económico».[1]

Pues bien, toda esta corriente de pensamiento preparó el terreno para el nacimiento de bancos y cajas y, como luego comentaré, también para la creación de las Reales Sociedades Económicas de Amigos del País, que habrían de jugar un papel muy importante en la creación y vida de las cajas.

2. Evolución histórica de bancos y cajas

Me gustaría resumir la evolución de bancos y CA desde el siglo XVIII dividiéndola en tres periodos: el primero hasta 1976 (cuando se empezaron a equiparar las operatorias de unas y otras); el segundo de 1976 a 2013 (que podemos decir es el final de las CA, el RIP de las CA), y el tercero, la situación actual.

El Banco de España

En España el 2 de junio de 1782 una Real Cédula firmada por Carlos III funda el primer banco, que fue el

---

1   Adam Smith, *La riqueza de las naciones* (1776). *Teoría de los sentimientos morales* (1759).

Banco Nacional de San Carlos, siguiendo la propuesta de su primer ministro, el conde de Floridablanca. Su capital estaba dividido en acciones, era una entidad privada y su objetivo consistía en servir de apoyo financiero al Estado y facilitar financiación a la industria y al comercio.

No fueron exitosos sus logros, fracasará y le sucede, primero, el Banco Español de San Fernando en 1824 y, después, el Banco de Isabel II, que se fusiona en 1847 con el anterior.

No en vano, como se ha demostrado a lo largo de la historia, las crisis bancarias son consustanciales a los ciclos económicos.

La Ley de 28 de enero de 1856 redenomina al Banco fusionado Banco de España y confiere al Estado facultades para nombrar sus órganos de gobierno.

Este Banco de España no tenía la exclusividad de emisión de billetes de papel moneda, hasta que se le concede en 1874.

La llegada al trono de Isabel II, tras el periodo absolutista de Fernando VII, supuso un proceso liberalizador, y empresas privadas comienzan a crear bancos, los cuales van a competir en captación de depósitos con el Banco de España, que abría sucursales por todo el país, y también con las cajas que ya entonces operaban.

Hasta la Ley Cambó de 1921 no se empieza a configurar el Banco de España como un auténtico banco central, instrumento de política monetaria de gobierno, un banco de bancos, un prestamista de última instancia, un responsable de la inspección de los bancos privados.

Sus competencias supervisoras sobre cooperativas de crédito y cajas de ahorro tardarían mucho en llegar, 50 años más tarde, por la Ley de 19 de junio de 1971.

Y la naturaleza jurídica del Banco de España seguía siendo la de una S. A. por acciones hasta 1962, en que es nacionalizado.

Los bancos

Así mismo, en el comienzo del siglo pasado tuvo lugar el nacimiento de muchas sociedades anónimas bancarias, a un ritmo promedio de 3 sociedades nuevas cada año, de las que más de una eran liquidadas o absorbidas también cada año.

Hasta bien entrado el siglo XX convivían sociedades bancarias de ámbito local, regional o nacional con banqueros particulares y casas de banca en forma de sociedades limitadas.

Mas de la mitad de los banqueros particulares se ubicaban en poblaciones de menos de 20 000 habitantes. La posterior conversión de banqueros particulares o casas de banca en S. A. fue en gran parte causada por la obligatoriedad de un mínimo de recursos propios y por la limitación de responsabilidad que facilitaba la fórmula de S. A.

Es entonces cuando asistimos al nacimiento de lo que serían los grandes bancos del siglo XX. En 1901 se crean el Banco Hispano Americano y el Banco Vizcaya, en 1902 el Banco Español de Crédito.

En 1922 había 93 bancos en España, con una amplia red de sucursales, y a su básica actividad de captación de ahorros y financiación unían una muy importante participación en sociedades industriales y comerciales, que gozaban de la bonanza económica de esos años.

Y es en la década de los años veinte cuando nace la banca oficial: Banco de Crédito Industrial (1920), Banco Crédito Local (1920), Banco Exterior de España (1929), entre otros.

El fin de la expansión bancaria llega con la crisis de 1929 y se acentúa con la Segunda República en 1931. Después, la Guerra Civil supone una ruptura o escisión del sistema bancario, no solo física sino incluso legalmente en dos, una en cada lado de la contienda.

La recomposición de esta ruptura, acabada la guerra, culmina con la Ley de Ordenación Bancaria de 1946, que supone una fuerte intervención del Estado en la banca.

En los 20 años posteriores a la Guerra Civil 61 bancos fueron absorbidos por los cinco mayores.

La industrialización del país se trató de impulsar con la distinción por ley entre banca industrial y banca comercial, que tuvo muy poco éxito.

En los casi 200 años que transcurren desde la creación del primer Banco de España hasta 1976, la naturaleza jurídica de los bancos privados era la de una sociedad anónima por acciones, su actividad estaba centrada en captar depósitos y financiación básicamente al mundo empresarial, industrial y comercio, así como en los sectores de población de rentas más altas.

Su balance contenía una cartera significativa de participaciones vía acciones en las principales empresas del país, lo que, junto con el ejercicio de la actividad de custodia de valores, les posibilitaba la asistencia a las juntas generales de las grandes sociedades no solo con los votos correspondientes a las acciones de su propiedad, sino que también con los que correspondían a gran parte de los valores en el banco depositados por los clientes, factor este a tener en cuenta para comprender la influencia de la banca en el sector empresarial, minero, cementero, petrolero, naviero, etc.

En la década de los setenta, su cuota de mercado en depósitos era prácticamente el doble que la de las cajas.

Las cajas de ahorros

Las primeras cajas nacen en Europa en el siglo XVIII. La de Hamburgo (1778) y la de Berna (1787) son las primeras. En España se retrasa su nacimiento hasta la muerte de Fernando VII y con el regreso a España de exiliados ilustrados que conocían su existencia en Europa.

Nacen asociadas a los montes de piedad y con la finalidad de combatir la usura, premiar el ahorro popular, servir a sus territorios y proporcionar a sus habitantes la asistencia social que el Estado no les suministraba. El excedente había de dedicarse a su reforzamiento patrimonial y la dotación de bienes y servicios sociales en los territorios donde operaban.

En 1834 nace la primera caja de ahorros, que es la de Jerez de la Frontera.

En 1838 se crea la Caja de Ahorros de Madrid.

En 1856 la Ley de 14 de febrero supuso la liberación de los tipos de interés, lo que condujo a un fuerte aumento de la usura y propició el nacimiento de más cajas para combatirla.

La Caja de Ahorros y Monte de Piedad de Zaragoza fue fundada a propuesta de D. Mariano Royo por la Real Sociedad Económica Aragonesa de Amigos del País en 1876 para conmemorar sus primeros 100 años de existencia y empezó su actividad con el equivalente a 77 euros, es decir, algo más de 12 000 pts. en depósitos.

La Caja de Ahorros y Préstamos de la Inmaculada Concepción fue fundada por la Asociación Católica en 1905 y empezó a operar con 60 euros, unas 10 000 pts., en depósitos.

En 1919 existían en España 101 cajas, la mayoría fundadas por ayuntamientos o diputaciones, por instituciones religiosas o por las Reales Sociedades Económicas de Amigos del País, que tienen su origen en la Ilustración.

En los diez años siguientes, en un entorno de bonanza económica favorecida por la neutralidad española entre las dos guerras mundiales, el número de cajas se duplica.

Su actividad principal eran los préstamos con garantía hipotecaria, tanto para vivienda como para pequeñas explotaciones agrícolas, y su cartera de valores estaba prácticamente llena de títulos de deuda pública.

En cuanto a su naturaleza jurídica, el Estatuto de la Caja General de Ahorro Popular de 1933 define a las cajas como instituciones de patrimonio oficial o privado, exentas de lucro mercantil, no dependientes de ninguna otra empresa, regidas por juntas o consejos de actuación gratuita, dedicadas a la administración de depósitos y a realizar obras sociales o benéficas.

Tras la Guerra Civil hubo un fuerte intervencionismo estatal en las cajas, estableciendo unos muy altos coeficientes de inversión obligatorios en activos públicos u obligaciones de empresas estratégicas.

Además, en estos años hay una muy estricta separación en cuanto a operatoria permitida, posibilidades de apertura de oficinas, control de tipos de interés y limitaciones de inversión entre bancos y cajas que claramente favorecían y daban mucha más libertad a los bancos frente a las cajas, a las que el Estado consideraba menores de edad y que debían ser tuteladas por el Ministerio de Trabajo.

Es al final de los años sesenta del pasado siglo cuando se empieza a producir un progresivo avance en la libertad de operatorias y de inversión de las CA, lo que les facilitó una oferta de productos más amplia y el acceso a capas de población de nivel económico más alto. Ejemplo de ello fueron las cuentas de ahorro vivienda, principal impulsor para alcanzar el liderazgo en las clases de rentas medias.

Otro ejemplo fue la financiación de viviendas de protección oficial (VPO), que prácticamente fueron financiadas por las cajas en su totalidad, ya que, al ser sus préstamos a un tipo de interés mucho más bajo que el de la vivienda libre, a la banca no le interesaba.

La cuota de mercado de depósitos había pasado en las cajas del 17 % a más del 32 % en 1976. Existían 88 cajas, con más de 6000 oficinas.

A lo largo de casi dos siglos, bancos y cajas llevaron a cabo su actividad financiera siendo empresas de naturaleza jurídica distinta (S. A. los bancos, fundaciones de carácter social las cajas). Su operatoria ha diferido, siendo mucho más variada la de la banca, aunque en los últimos años las diferencias se han ido reduciendo. Sus principales clientes objetivo eran distintos: empresa y rentas altas para la banca; familia, pequeño comercio y rentas bajas para las cajas.

A partir de ese momento, conforme se van igualando las posibilidades de operar de las cajas a las de la banca, las cajas luchan por entrar en los sectores tradicionales de la banca (empresa y rentas altas) y la banca intenta entrar en los sectores tradicionales de las cajas.

Empieza una nueva época: dos competidores con distinta naturaleza jurídica y, en consecuencia, diferente gobierno corporativo, luchan con las mismas armas por los mismos segmentos de clientes.

Sigamos con la historia.

3. Bancos y cajas. Similitudes y diferencias

Si acudimos al diccionario de la Real Academia Española, *banco* es una empresa dedicada a realizar operaciones financieras con el dinero procedente de sus accionistas y de los depósitos de sus clientes.

A las cajas las define como entidades de crédito originariamente constituidas como fundaciones de naturaleza privada y finalidad social, especializadas en la financiación de las familias y de las pequeñas y medianas empresas.

En consecuencia:
– Un banco puede ser público o privado.
– Un banco privado tiene accionistas, una CA no.

– Las cajas tienen una finalidad social y los bancos la de rentabilizar la inversión de sus propietarios.

Ambos, cajas y bancos, son empresas financieras. Si tomamos una definición muy simple, la empresa es «una organización dedicada a producir bienes o servicios para satisfacer necesidades a cambio de un beneficio».

Las preguntas son: ¿qué se entiende por beneficio?; ¿a quién va destinado ese beneficio?; ¿cómo se obtiene ese beneficio?

Las respuestas las debemos encontrar, en cada empresa, en la definición de su misión y sus valores.

La misión de la empresa expresa el qué, el porqué y el para quién hace las cosas, tratando de alcanzar sus objetivos.

Los valores de una empresa son los principios éticos que deben guiar su actividad y que conforman la cultura e identidad de la empresa.

La misión, los valores de una organización, definen su razón de ser y su forma de actuar.

El pensamiento económico imperante en el mundo entre las dos guerras mundiales era el de John Maynard Keynes, el keynesianismo, el de una socialdemocracia donde el poder político controlase y fijase límites al libre mercado.

En el polo opuesto, el economista nacido en Nueva York en 1912, ganador del Premio Nobel de Economía en 1976, Milton Friedman, era contrario a la intervención del Estado más allá de dotar al mercado de la equidad que toda economía necesita.

Miembro del Partido Republicano y asesor de presidentes como Ronald Reagan, George Bush o Margaret Thatcher, Friedman fue quizás el mejor representante del pensamiento liberal moderno y del monetarismo, con gran influencia en la economía mundial con el célebre tándem Thatcher-Reagan en los Gobiernos de Reino Unido y Estados Unidos.

Revive el espíritu de Adam Smith. La propiedad privada es el fundamento de una sociedad próspera y el interés personal es el que genera riqueza y prosperidad, y es ese comportamiento egoísta individual el que conduce a una mejora del conjunto del bienestar social.

Para Friedman, los accionistas deben ser el único foco de atención de una empresa porque son ellos los que sostienen financieramente a la organización. Cualquier actividad, por ejemplo, la solidaria, que exija consumo de recursos de la empresa afecta negativamente a sus valores, pues reduce su capacidad de obtener beneficio.

Es decir, para una S. A., sea banco o de cualquier otro sector, según Friedman, por beneficio se entiende únicamente la remuneración percibida o revalorización potencial de la participación del accionista, y puede ser obtenida por cualquier vía que sea legal.

En años sucesivos, los informes de Edelman Trust Barometer, van poniendo de manifiesto que cada vez hay más falta de correlación entre beneficio empresarial y bien social.

Se empieza a culpar a los paraísos fiscales, o a la globalización, o a una excesiva competencia, o a los bajos salarios, pero en el fondo se comprende que no se puede únicamente mirar el resultado contable de la empresa para entender el valor que aporta o detrae a la sociedad.

Los ciudadanos están cada vez más interesados en conocer la aportación de valor de cada empresa desde una perspectiva más amplia que la del beneficio contable. Consecuencia de ello, las empresas empiezan a preguntarse cuál es su aportación de valor a la sociedad y en qué consiste.

Vamos a referirnos ahora a otro concepto fundamental, los *Stakeholders* (SH).

En 1984 se publica el libro *Strategic Management. A Stakeholders Approach*. Su autor es Edward Freeman, nacido en Columbus, economista, filósofo y profesor universitario en la Escuela de Negocios de Wharton.

Stakeholders lo podemos traducir del inglés como 'parte interesada' o 'grupos de interés', y se refiere a las personas, entes u organizaciones que se ven afectadas por las decisiones de la empresa.

Tenemos dos categorías de SH.

Los SH primarios son los que están directamente implicados en el funcionamiento de la empresa, es decir, los accionistas, trabajadores, clientes.

Los SH secundarios, sin participar directamente en las actividades de la empresa, se ven afectados por ella, por ejemplo, su comunidad, los competidores y la sociedad en general.

Freeman sostiene que las políticas socialmente responsables promueven las relaciones a largo plazo con sus grupos de interés o SH, lo que se traduce en una reducción de costes y, por tanto, un aumento de valor de la empresa.

Por el contrario, como hemos visto, Friedman afirmaba en 1970 que las políticas socialmente responsables afectan negativamente al valor de la empresa, pues reducen su beneficio.

La asociación Business Roundtable define el propósito empresarial como la forma en que las empresas y organizaciones dirigen sus esfuerzos no solo a los accionistas, sino también a todos los grupos de interés.

Si bien hace años el objetivo económico principal, tras la supervivencia de la empresa, era la maximización del beneficio contable, es decir, el Bottom Line de la Cuenta de Resultados, en la actualidad el concepto ha evolucionado. Y mucho.

Hoy el reto para las empresas, además de tratar de alcanzar una rentabilidad que les asigne su supervivencia, es ser consecuentes con la razón de su existencia, con su forma de generar valor para sus grupos de interés, para toda la sociedad.

En esta forma de pensar podemos enmarcar lo que las cajas entendían desde su constitución por beneficio y su maximización.

La primera obligación de una caja es sobrevivir, para lo que necesita que su actividad genere beneficios con los que dotar sus reservas. Pero una vez alcanzado un nivel de fondos propios (FFPP) confortable, debe tratar de mejorar su contribución al bienestar social y económico de sus SH, ya que no tiene accionistas, y realizar dotaciones a OBS o inversiones viables económicamente, aunque de baja rentabilidad y larga maduración, lo que dificulta o impide su financiación en el mercado privado, pero que son socialmente importantes para el desarrollo del territorio y la mejora de vida de la población entre la que desarrolla su actividad.

Un precedente, sesenta años antes, de esta Teoría de SH lo podemos ver en una sentencia muy famosa del Tribunal Superior de Australia, *Miles contra Sydney Meat,* en la que el presidente del Tribunal, Samuel Griffith, afirma: «la ley no exige que los miembros de una empresa se despojen en su gestión, de todos los motivos altruistas, ni que mantengan el carácter de la empresa como una cosa sin alma y sin entrañas, ni que exijan hasta el último céntimo de sus tratos comerciales, ni que les prohíban llevar a cabo sus operaciones de una manera que consideren conducente a los mejores intereses de la comunidad en su conjunto».

Un claro ejemplo lo tenemos muy cercano.

Ibercaja ha tenido una gran influencia en la promoción, gestión y desarrollo de proyectos estratégicos para que Aragón consiguiera un futuro más prometedor, de más calidad de vida económica, social y cultural, con proyectos viables económicamente a largo plazo, pero de escaso o nulo atractivo para un inversor privado «puro» en sus inicios. Me refiero a casos como las empresas del sector de la nieve, la logística, la implantación de empresas automovilísticas o la Expo 2008, entre otras, que son muy reconocidas.

¿Dónde estuvo la banca en estas apuestas de futuro?

Hoy día, la gestión sistemática de los intereses de los SH es crítica para que una empresa tenga éxito.

Necesitamos conocer bien a nuestros SH y saber cuáles son sus deseos, preocupaciones y expectativas.

Necesitamos conocer qué valores esperan encontrar en nuestra empresa los SH.

Conociendo estas facetas, podremos desarrollar nuestra actividad, generando beneficio económico y siendo una entidad socialmente responsable.

Cuando hablamos de Responsabilidad Social Corporativa (RSC), no hablamos de cumplimiento de obligaciones legales en todas esas relaciones con terceros, normas que, por supuesto, hay que cumplir.

Cuando hablamos de RSC, hablamos de algo más. Hablamos de acciones voluntarias de la empresa para adquirir compromisos morales que exceden lo legal.

No podemos vender como RSC lo que legalmente tenemos que cumplir.

Desgraciadamente, en los últimos años del siglo pasado, muchas empresas utilizaron la RSC como una herramienta de *marketing*, de mejora de imagen.

Pero toda campaña que vende una imagen que no se corresponde con la realidad, al final, es contraproducente.

Recuerdo en los años noventa los esfuerzos de un gran banco que quería vender una mejor imagen de RSC que las cajas de ahorros con su obra social, además de sus servicios financieros. La campaña duró poco tiempo.

La RSC ha estado siempre en el ADN de las cajas. En ese banco era propaganda, y todo el mundo conocía el peso que tienen los accionistas en las decisiones del banco.

4. El gobierno de las cajas

La democratización de los órganos de gobierno de las cajas, en donde hasta entonces los nombramientos habían sido por cooptación, comienza con la reforma de Fuentes Quintana en 1977.

La composición de su asamblea (que es el equivalente a una junta general en una S. A.) conformaba un modelo que se anticipaba a los SH, pues tenía representantes de clientes, empleados, entidad fundadora y administración pública.

Además, mantenía el estatus de fundaciones de carácter social y no lucrativo para las cajas y daba importantes pasos para igualar la capacidad operativa de cajas y bancos.

En 1985 se promulga la Ley de Órganos Rectores de las CA (LORCA).

En su exposición de motivos dice: «esta Ley pretende alcanzar el triple objetivo de democratizar los órganos de gobierno de las CA, conciliar esa democratización con las exigencias de una gestión eficaz, que debe cumplirse con criterios estrictamente profesionales, y establecer una normativa de acuerdo con los principios que inspira la nueva organización territorial del Estado, sentando al mismo tiempo las bases del régimen de disciplina, inspección y control de estas Entidades».

Hay que decir que fue muy loable la intención del legislador. Sin embargo, en su disposición adicional primera número 2 dice: «las Comunidades Autónomas ejercerán las funciones de disciplina, inspección y sanción de las CA con domicilio social en su territorio».

Se abría la puerta de las cajas a la política.

Los primeros años de este siglo XXI son de expansión fuerte de las cajas en cuota de mercado, en oficinas y en empleados.

Desde los últimos años del siglo XX hasta 2007, la economía española experimentó un gran crecimiento. Los criterios de convergencia de Maastrich y la entrada en la Unión Económica y Monetaria de la Unión Europea traen una bajada de tipos de interés con un alcance sin precedentes, un incremento de demanda de crédito para empresas y para compra de vivienda y un aumento de la confianza en nuestro país de los inversores internacionales, lo que se tradujo en un ritmo de crecimiento promedio de más del 3 % y la caída del paro al 8 %.

5. La crisis de 2007 y sus efectos en el modelo financiero español

Sin embargo, en 2007 en los EE. UU. ciertos valores respaldados por hipotecas que estaban vinculadas a bienes inmobiliarios, así como una amplia red de derivados financieros vinculados a esos títulos y comercializados por todo el globo, colapsan en valor, tras lo cual instituciones financieras en todo el mundo se tambalean y el 15 de septiembre de 2008 —al día siguiente del cierre de la Expo 2008 de Zaragoza— Lehman Brothers se declaraba en quiebra, dando comienzo a la mayor crisis financiera en magnitud y amplitud desde la Gran Depresión en 1929.

Fue la crisis de las hipotecas de alto riesgo, hipotecas basura o *subprime*, hipotecas a clientes con escasa solvencia y alto riesgo de impago.

En España esta crisis origina un importante cambio en la estructura bancaria que llega a necesitar ayudas públicas y fondos procedentes de la Unión Europea por una cuantía neta total que el Banco de España estimó en 65 725 millones de euros.

De la noche a la mañana, en España, por ejemplo, nos damos cuenta de que tenemos unas entidades financieras con tres características:

1. Muy apalancadas, es decir, con una proporción reducida de FFPP sobre sus activos ponderados por riesgo.
2. Con una gran dependencia de los mercados exteriores para su financiación, porque el ratio de créditos/depósitos se disparó por encima incluso del 150 %.
3. Con una fortísima concentración de riesgos en el mercado inmobiliario.

La burbuja estalla en unos pocos días. Pero se gestó, se alimentó y se consintió a lo largo de muchos años.

¿Tan difícil había sido predecir que al final la burbuja estallaría?

Hay que tener en cuenta que llevábamos años de incremento del crédito a un ritmo superior al 20 %. Mientras, el PIB solo lo hacía al 4 o 5 %.

¿Tan difícil había sido adivinar que, al ritmo de crecimiento de la deuda emitida por las entidades financieras españolas durante esos años, para financiar el incremento de los préstamos a la construcción, llegaría un momento en que los alemanes, japoneses, etc., dirían basta, no presto más, hasta aquí hemos llegado? Porque esa era la decisión científicamente esperable: «no presto más porque no van a tener capacidad para atender el reintegro de la deuda». Alguna caja lo hizo, como Ibercaja: previó y actuó en consecuencia.

Sin embargo, el supervisor y el auditor, dejándose llevar por el entorno de euforia ciega, y quizá sin la independencia debida, dulcificó y minimizó las consecuencias negativas de un posible estallido.

Pero la burbuja estalló, ya lo creo que estalló. Y, entonces, todos nos echamos las culpas unos a otros.

Podríamos aducir muchas causas o razones de la crisis:

- Que las entidades financieras estiraron más el brazo que la manga en préstamos a promotores.
- Que el crédito de las inversiones crediticias no se financió con depósitos sino con financiación exterior mayorista.
- Que la concesión de riesgos careció de la prudencia debida en el estudio de su calidad.

Estas… y muchas otras razones.

Sin embargo, la realidad es que la crisis financiera no fue sino *la consecuencia de otra gran crisis: la crisis de valores*.

Decía Michel Camdessus, el director gerente del FMI: «El final del túnel de la crisis financiera está en la recuperación de los valores éticos de la economía».

La principal causa de la crisis financiera ha sido una crisis previa de valores. El tema económico no es más que una consecuencia del comportamiento humano, que se guía por una escala de valores.

Y esto es lo que ha fallado, hay que recuperar valores como:

- Solidaridad.
- Sentido de responsabilidad y búsqueda del interés general por delante del particular.
- Y transparencia.

Hemos estado instalados en un mundo donde todo vale, con tal de obtener beneficio.

Con la comercialización y fabricación de productos opacos, con absoluta falta de transparencia.

Con dejadez de las funciones supervisoras.

Donde ha primado el cortoplacismo como estrategia imprescindible para favorecer estos abusos.

En resumen, crisis de valores sin la cual la crisis financiera no hubiera tenido semejante intensidad y duración.

Decía David Cameron que «llevamos décadas en las que se han ido paulatinamente erosionando:
- Las responsabilidades.
- Las virtudes sociales.
- La autodisciplina.
- El respeto mutuo.
- La constancia en el trabajo.
- Las metas a largo plazo.
- La austeridad.
- La autoridad».

Aristóbulo de Juan, exdirector general del Banco de España, es una de las personas que mejor conocen el sistema financiero español de aquellos años. Aristóbulo relata en su libro *Anatomía de una crisis, una síntesis de lo ocurrido* los siguientes párrafos:[2]

> La gran singularidad de esta crisis frente a las precedentes se ha encontrado, precisamente en la mayor afectación de las cajas frente a los bancos. En las crisis anteriores, el subsector de las cajas había sido garantía de estabilidad del sistema. Los problemas puntuales que se produjeron fueron resueltos por ellos mismos. Por el contrario, las crisis de los años ochenta y noventa tuvieron una gravedad muy

---

2   Aristóbulo de Juan. *Anatomía de una crisis* (2013). Editorial Deusto.

superior en la banca. La fortaleza tradicional de las cajas en la captación de depósitos y su escaso apetito por el riesgo explicaron ese comportamiento positivo diferencial en el pasado.

En esta ocasión la mayor parte de las cajas se vieron abocadas a su desaparición tras décadas de historia y por primera vez la solución última a determinadas entidades vino de la mano de los bancos, no de las propias cajas. Lo peor, sin embargo, llegó por la obligada nacionalización de tres grandes cajas, resultado de fusiones, que han debido ser rescatadas por los contribuyentes con una inyección ingente de fondos.

El cambio de modelo de las cajas, de minorista a mayorista, y su propia naturaleza jurídica, escasamente apta para la captación de capital, hacían que tuvieran de partida una posición más difícil que la de los bancos para afrontar una crisis de las características de la Gran Recesión.

Sin embargo, esas diferencias no bastan para explicar lo ocurrido, sobre todo porque no todas las cajas de ahorros tuvieron el mismo comportamiento ante la crisis.

Continúa diciendo Aristóbulo de Juan: «Con muy honrosas excepciones, las cajas han sido las grandes protagonistas de la crisis».

Durante todo el periodo no existió apenas una estrategia para salir del atolladero. Se dilapidaron esfuerzos y recursos en soluciones evasivas, artificiosas y tardías, que no contribuyeron a resolver los problemas, y que en muchos casos los agravaron y encarecieron las soluciones. Las autoridades fueron lentas en su reacción y desacertadas en la elección de prioridades. En lugar de abordar la solvencia del sistema, se centraron en promover integraciones de entidades, con criterios que llegaron a ser contraproducentes en algunos casos. Se perdieron así años en que las circunstancias de todo tipo y los recursos e instituciones disponibles hubieran permitido una gestión menos costosa y traumática de la crisis del sistema.

Además, el Banco de España arruinó en poco tiempo su bien ganada fama de supervisor y gestor eficaz de crisis bancarias, evidenciada en los años ochenta y noventa, concluye Aristóbulo.

¿Por qué sufrimos esta crisis las cajas?

Muchos son los culpables, pero hay que empezar por decir que fue la mala o imprudente actuación de bastantes cajas una de las causas.

Con la libertad de apertura de oficinas por todo el territorio nacional que se concedió a las cajas, las cuales antes habían visto limitada su actividad a la comunidad autónoma donde nacieron, algunas cajas empezaron a realizar una agresiva expansión de oficinas en otras comunidades. Para introducirse en nuevos mercados, utilizaron una demasiado agresiva e imprudente política de concesión de préstamos hipotecarios. Además, otras estuvieron muy presentes en la financiación y participación de proyectos de nula viabilidad «empujadas» por las comunidades autónomas.

Aragón fue una excepción y al mismo tiempo un ejemplo de lo que debían ser las relaciones entre un Gobierno autonómico y una caja. No hubo intentos de interferencia y sí una sincera colaboración en proyectos de gran importancia para el territorio, siendo escrupulosos en el respeto mutuo y en la independencia de cada uno.

En la creencia de que las cajas son iguales a los bancos, se adoptaron modelos de remuneración a sus directivos que primaban el incremento del crédito sin consideración de su calidad de riesgo.

Aparecen presidentes ejecutivos en los consejos de administración, muchas veces de procedencia política, que, además de obtener una remuneración, quieren tomar decisiones sin experiencia de lo que es una entidad financiera.

Antonio Trujillo, en «Diversidad y Ética», nos dice: «está muy claro que hay una gran relación positiva entre un buen gobierno corporativo y el rendimiento económico y ético de las entidades. El tamaño, la independencia, la experiencia y la diversidad son clave en la calidad del órgano de gobierno».[3]

Pero, a pesar de todo, la crisis no nos hubiera hecho tanto daño:

- Si las autoridades de supervisión y los gobiernos no hubieran tardado tanto en reconocer y en admitir la crisis.

- Si las agencias de *rating* que salieron indemnes de esta crisis hubieran estado más acertadas en las calificaciones crediticias otorgadas tanto a las titulizaciones como a las propias entidades financieras.

- Si no se hubiese intentado por el Banco de España solucionar el problema mediante la integración de cajas con problemas en cajas sanas. No se puede, como en su momento dije, tratar de sanar unas manzanas podridas poniéndolas en un cesto de manzanas sanas: acabarán todas podridas. Hubiera sido mucho mejor intervenir y liquidar a los primeros enfermos graves, pues, «cuando las barbas de tu vecino veas pelar…», o haber mejorado la legislación sobre gobernanza, como en algunos foros se dijo.

Al final, de 45 cajas de ahorros en 2007 hoy solo quedan dos muy honrosas excepciones: dos minúsculas entidades como son la Caja de Ahorros de Onteniente (Ontiyent) y la Caja de Ahorros de Pollensa. El resto, o bien fueron absorbidas, o bien se convirtieron en bancos.

---

3   Antonio Trujillo Ponce. «Trabajos sobre Gobierno Corporativo, Diversidad y Ética en el Sector Bancario», *Boletín de Estudios económicos*, Universidad Pablo de Olavide (2022).

El RIP de las CA lo escribe la Ley 26/2013, de 27 de diciembre, sobre cajas de ahorros y fundaciones bancarias, inspirada en la italiana Ley Amato de 1990.

La Ley Amato se publicó tratando de garantizar la solidez de las instituciones financieras, y en especial de las CA italianas, mediante el fortalecimiento de sus FFPP ante el panorama derivado de la CEE de coeficientes mínimos obligatorios de solvencia más altos y de la mayor competencia por la libertad de establecimientos de entidades extranjeras.

Igual que en España, existía una fuerte conexión entre el problema de repatrimonializar, de fortalecer sus FFPP y la naturaleza jurídica de las cajas como Fundación.

Se pretendía que las CA tuvieran acceso al mercado de capitales para, en caso necesario, incrementar su solvencia.

Hubo una primera intentona a través de la emisión de cuotas participativas, que, sin cambiar la naturaleza jurídica de las entidades, les permitía el acceso a los mercados.

Sin embargo, las cuotas participativas fueron un completo fracaso, debido a su baja rentabilidad, a su iliquidez, pues no cotizaron en las principales bolsas ni se establecieron mercados secundarios para su compraventa, y además esos títulos no eran muy atractivos para el inversor institucional, ya que no contenían derecho de voto con el que influir en la gestión o acceder a los consejos de administración.

Al final, la Ley Amato del 30 de julio de 1990 decide la transformación de las CA o *casse di risparmio* en S. A.

Unos meses más tarde, en diciembre de 1991, la Cassa di Risparmio delle Provincie Lombarde (CARIPLO), fundada en 1823 y que había llegado a ser la mayor institución financiera italiana, se parte en dos. Por un lado, una fundación sin ánimo de lucro; por otro, un Banco, el Banco CARIPLO, S. A.

Años más tarde CARIPLO Banco se fusiona con Banco Ambrosiano y Banca Comerciante Italiana, dando lugar en 2005 a la Banca Intesa, la cual en dos años se fusiona con San Paolo IMI para formar Intesa Sanpaolo en 2007, que era entonces el tercer grupo bancario europeo.

En 1991 la Fundación CARIPLO tenía el 100 % de las acciones del Banco CARIPLO por ella creado, 16 años más tarde mantenía solo el 9,4 % del nuevo Banco Intesa Sanpaolo. Un gran banco, sin duda, pero con un ADN completamente distinto del de CARIPLO en 1991: sus misiones eran diferentes; sus valores, distintos.

En España, la Ley 26/2013 de Cajas de Ahorros y Fundaciones Bancarias pretende establecer un nuevo sistema financiero, manteniendo la esencia de las cajas, su carácter social y su vinculación territorial.

Eso decía la Ley, pero, al limitar su tamaño, estaba sentenciando a muerte a la inmensa mayoría de las cajas.

Su actividad se tenía que circunscribir a una sola comunidad autónoma o provincias limítrofes, debían tener un balance inferior a 10 000 millones de euros y su cuota de mercado en su zona tradicional no superar el 35 %.

Si estas condiciones no se daban, debían transformarse en fundación bancaria u ordinaria y traspasar a una entidad de crédito todo su patrimonio afecto a la actividad financiera a cambio de acciones.

Las fundaciones, de acuerdo con la Ley, tendrían una finalidad social y su función sería el desarrollo de actividad y obra social, además de la gestión de su participación en el banco.

Las fundaciones bancarias están regidas por un patronato cuyos patronos son incompatibles con el desempeño de cargos equivalentes en el banco o en sus sociedades participativas y ejercen su función gratuitamente.

De las 45 CA que había, solo 2 muy pequeñas permanecen, el resto pasan a convertirse en fundaciones bancarias u ordinarias, aportan sus activos y pasivos financieros a nuevos bancos que muy pronto se agrupan, fusionan o venden en muchos casos.

Hoy solo quedan 5 bancos provenientes de cajas: Caixa, KutxaBank, Unicaja, ABANCA e Ibercaja.

Los bancos KutxaBank e Ibercaja todavía son 100 % propiedad de fundaciones de cajas. En Caixa y Unicaja, las fundaciones han disminuido su participación por debajo del 50 %. ABANCA es de propiedad privada familiar.

El 5 de septiembre de 2014, la Caja de Ahorros Ibercaja se transforma en la Fundación Bancaria Ibercaja (FBI), que hoy es propietaria del 88 % de las acciones de Ibercaja Banco, correspondiendo la propiedad del resto a las tres CA que constituyeron Banco CAJA3, que fue absorbido por Ibercaja Banco. Son las fundaciones de la CAI, Caja Badajoz y de la Caja del Círculo Católico de Burgos.

Con arreglo a la Ley, la Fundación Bancaria Ibercaja tenía que rebajar su participación en Ibercaja por debajo del 40 %, lógicamente mediante la salida a bolsa, a no ser que constituyera un fondo de reserva para cubrir posibles necesidades de capital del Banco. Este fondo ascendía 360 millones de euros, importe que se terminó de aportar hace unos meses, con lo cual hoy en día la Fundación no tiene obligación de disminuir su participación en el Banco.

Según sus estatutos, la FBI tiene como objetivos los mismos que la Caja, los mismos de sus ilustres fundadores, es decir, la realización de obras sociales y el impulso socioeconómico del territorio, añadiendo ahora un objetivo prioritario, que es facilitar y velar por la buena administración y gestión del Banco.

Desde el principio, la FBI sufraga actividades filantrópicas con los dividendos del Banco. En el 2023 más de 1 200 000 personas han sido beneficiarias de nuestra actividad, con presencia física en nuestros centros, a los que hay que añadir los asistentes a golpe de clic que vía internet acceden a nuestro amplio fondo de información, servicios de formación y actividades.

Somos la segunda fundación bancaria en actividad y aspiramos a ser la mejor en calidad y compromiso.

Queremos una Fundación comprometida:
1. Con las personas en su desarrollo.
2. Con el profesional y las pymes, facilitándoles su actualización empresarial, haciéndoles más competitivos.
3. Comprometida con nuestra tierra, Aragón, y que se distinga por la difusión y protección de nuestro patrimonio histórico, natural y artístico.

Queremos una Fundación comprometida con el futuro de esta tierra que dé apoyo directo o a través de Ibercaja Banco a proyectos viables económicamente de desarrollo regional que potencien la calidad de vida de sus habitantes.

Todo esto queremos y nuestra meta es conseguirlo.

4. Conclusiones

Hoy estamos en 2024. Dentro de dos años se cumplen 200 de la constitución por unos ilustrados aragoneses de la Real Sociedad Económica Aragonesa de Amigos del País y 150 que esta fundó la Caja de Ahorros de Zaragoza.

Hemos hecho un repaso histórico desde el siglo XIX, cuando unas pequeñas CA de naturaleza fundación social, dedicadas en su actividad a las clases trabajadoras de rentas bajas y que tenían el monte de piedad como fuente financiera, hasta hoy, en que pueden realizar la misma operatoria que cualquier banco, pues son bancos, que entre ellos compiten y que han adoptado la forma de S. A.

Hemos visto la evolución de la banca en estos dos siglos, desde el banquero que pronto deviene en S. A., cuya actividad se centraba en la financiación comercial o industrial, a personas de renta alta, a una banca universal en operatoria y en clientes objetivos.

Hoy las antiguas cajas se han convertido en bancos, y es lógico preguntarse: ¿no hay diferencias entre estos nuevos bancos procedentes de cajas y los bancos de toda la vida? ¿Son todos los bancos iguales?

Yo creo que no.

La visión y la misión de una empresa es la que define el porqué, el para qué existe, y el cómo debe realizar su actividad; son decididas por la propiedad de la empresa.

Difícilmente puede ser igual el porqué, el para qué y el cómo de un banco de propiedad privada, cotizando en bolsa, con un *free flow* del 100 %, que el de un banco propiedad al 100 % de fundaciones procedentes de CA.

¿Se podía haber evitado la crisis del 2008 que trajo la desaparición de las CA?

No lo creo.

Difícilmente se podría esquivar una crisis internacional financiera de esa magnitud y extensión. Ahora bien, sus efectos negativos podrían haber sido mucho más limitados, y entonces quizás no se hubiera propiciado la voluntad política de hacer desaparecer las cajas.

Fue decisivo para que la crisis alcanzara el nivel al que llegó el retraso de las autoridades políticas y supervisoras en admitir y diagnosticar la dimensión y posibles consecuencias.

¿Fue imprescindible suprimir el modelo de cajas?
No, no era imprescindible.
Como he comentado, la Ley española de Fundaciones Bancarias estaba inspirada en la Ley italiana Amato. Y como en la italiana, la razón que se daba para cambiar el modelo de cajas o *casse di risparmio* en Italia era la necesidad de fortalecimiento de los FFPP de estas entidades, que, debido a su naturaleza jurídica de fundaciones, no podían acudir al mercado en busca de capital vía acciones.

Pues bien, la Caja de Ahorros de Zaragoza nace en 1876 con un capital social equivalente a 150 euros. Hoy Ibercaja Banco tiene unos FFPP cercanos a 3000 millones de euros.

Ha multiplicado sus FFPP por 20, sin haber realizado ninguna ampliación de capital, sin recibir ninguna donación o aportación de capital; todo ha sido fruto del incremento de reservas por los beneficios que ha ido obteniendo a lo largo de 148 años y que no se destinaron a la Obra Social.

Hoy Ibercaja Banco tiene un exceso de FFPP sobre los mínimos requeridos de 958 millones de euros a junio de 2024, y ni ha tenido, ni hoy en día tiene, la obligación de acudir al mercado de capitales. ¿Por qué tuvo, pues, que desaparecer Ibercaja CA?

Creo que similar argumento se puede utilizar con las cajas vascas o con la Caixa y Unicaja.

No estoy en contra del nuevo modelo de Fundaciones Bancarias, aunque me gustaba más el de cajas, pero creo que no debería haber sido obligatorio, de café para todos. Debería haberse dado la opción de seguir con el antiguo modelo a las CA sanas y sin problemas.

Si una caja adoptaba una política agresiva e imprudente de incremento de oficinas fuera de su territorio utilizando el crédito hipotecario como arma para ganar cuota, el incremento de riesgo era importante y conducía a la necesidad de incrementar los FFPP a un ritmo que era imposible alcanzar con el incremento de las dotaciones a reservas, provenientes de beneficio no destinado a obra social.

Los afanes de grandeza y protagonismo de gestores y órganos de gobierno de algunas cajas podrían ser buen ejemplo de ello.

Sensu contrario, si no olvidas que tu objetivo no es ganar más tamaño, sino ser más útil a la sociedad, acomodas el ritmo de incremento de riesgo a tus posibilidades, y entonces tienes futuro.

Excelente ejemplo son las dos cajas sobrevivientes, las Cajas de Pollensa y de Onteniente, que siguen siendo fieles a sus principios fundacionales y útiles a su territorio y población.

Una de las más dañinas consecuencias de la desaparición de las CA fue el impacto que tuvo en la obra social.

En 2008, las CA destinaron a obra social 2059 millones de euros. Sus beneficiarios eran prácticamente todos los españoles.

Su contribución filantrópica equivalía a lo percibido por los Fondos de Cohesión y constituía una red de servicios sociales con más de 4000 centros de bienestar social.

Tras la Ley de Fundaciones Bancarias, los 2059 millones de euros pasan a ser 709 en 2014.

Según dijo Francisco V. Soler Tormo, de la Universidad de Valencia, en el XIX Congreso Internacional de Investigadores en Economía Social: «El fracaso de las cajas se debió al abandono de las finanzas sociales por las finanzas especulativas, sustituyeron la ética por la aritmética, y esta deriva condujo al fracaso, frente al cual la cosmética de las cuentas fue insuficiente».

Las cajas de ahorros, continúa diciendo, no solo eran viables, sino que habían demostrado ser altamente competitivas durante más de 150 años de historia y habían superado indemnes anteriores embates de crisis y han demostrado capacidad de adaptarse a ritmos tecnológicos dinámicos. De hecho, entidades similares funcionan activamente en otros países de nuestro entorno.[4]

Falló el equilibrio de poder, según Soler Tormo, la ambición de muchos responsables y la incompetencia de algunos gestores y de aquellos que los nombraron; en definitiva, un fallo de gobierno, el uso con fines políticos partidistas de algunas cajas que se aprecia en el destino caprichoso e interesado de los recursos crediticios tanto de la entidad como de su obra social.

A comienzos de este siglo, escribió en su propuesta de un modelo de futuro y consolidación del modelo de caja: «es posible la existencia de un modelo de gestión empresarial cuyos derechos de propiedad sean del conjunto de la sociedad, aunque es evidente que eso exige una legislación sobre gobernanza que permita la independencia, la asunción de responsabilidades, la profesionalización y el control».

En la misma línea de pensamiento se expresaban en su libro *Pasado, presente y futuro de las cajas de ahorros,* en 2009, Luis de Guindos, Emilio Ontiveros, Jordi Sevilla y Luis Linde, entre otros. Y todos ellos decían que, en definitiva, la reflexión sobre la naturaleza jurídica de las

---

4   Francisco V. Soler Tormo. Universidad de Valencia. «La deriva de las Cajas de Ahorro, reivindicación de lo que pudo haber sido y la euforia se llevó», en *XX Congreso Internacional de investigadores en Economía y Cooperativas* (2023).

cajas debe concluir con la reafirmación del modelo actual y la eliminación de toda interferencia política en el funcionamiento.[5]

Lo positivo de la crisis del 2008 fue que, tras años de políticas empresariales centradas únicamente en el beneficio o en el *cash-flow*, a partir de la crisis la perspectiva social vuelve a tomar protagonismo.

La contabilidad económica financiera centrada en el beneficio no es suficiente para entender el valor que aporta una empresa a la sociedad. Las empresas se empiezan a preguntar cuál es su misión y su aportación de valor real a la sociedad.

La población quiere conocer esa aportación de valor más allá del beneficio.

El bien común gana peso frente al interés particular.

El llamado Triple Bottom Line, las consideraciones sociales referentes a la desigualdad, derechos humanos o relaciones laborales; los temas de gobernanza de las instituciones, junto con la remuneración de los ejecutivos; las consideraciones medioambientales, la contaminación, la economía circular cobran un protagonismo hasta ahora desconocido.

La Directiva de 2014 NFRD (Non Financial Reporting Directive) de la Unión Europea supuso una clara apuesta por la sostenibilidad.

El Informe Brundtland definió el desarrollo sostenible como aquel que satisface las necesidades del presente sin comprometer la capacidad de las futuras generaciones para satisfacer las propias.

---

5   *Pasado, presente y futuro de las cajas de ahorros* (2009). Luis de Guindos y otros.

Hoy en día está en proceso de implantación la Directiva 2022/2464 relativa a la presentación de información corporativa de sostenibilidad.

Si queremos potenciar que las empresas practiquen políticas de sostenibilidad, hace falta que los SH conozcan la realidad de sus actuaciones no financieras a través de una información fiable, comparable y medible, solo así será valorada por el mercado.

Para que esa información sea medible por el inversor necesita ser auditada, y todavía, en cuanto a estándares generalmente aceptados de auditoría de información sobre sostenibilidad, se están dando los primeros pasos.

Sí que es verdad que, a semejanza de los *ratings* del mundo financiero, están empezando a proliferar índices que tratan de evaluar el grado de compromiso con la sostenibilidad en las empresas. BME, por ejemplo, lanzó la familia de índices IBEX-ESG.

El 25 de septiembre de 2015, Naciones Unidas aprobó unos objetivos globales para proteger el planeta y fomentar el avance social, es la Agenda 2030, una hoja de ruta con 17 objetivos de desarrollo sostenible y 169 metas que hay que conseguir antes del 2030, y hay que conseguirlas entre todos, por lo que implican directamente también a las empresas.

España en el *ranking* internacional de ODS ocupaba el puesto 16 entre 166 países.

Hoy basta con entrar en la web de cualquier banco o gran empresa o en la información anual facilitada al accionista, para encontrar páginas de información sobre los compromisos que el banco se ha autoimpuesto en materias medioambientales, sociales y de gobernanza.

Así mismo, nos dicen su alineación con cada uno de los 17 objetivos de desarrollo sostenible de Naciones Unidas.

Esta información tiene, obviamente, un fuerte componente de *marketing*, pero es un primer paso necesario y muy importante al que debe seguir la implementación de los sistemas de gestión más adecuada para la búsqueda de un adecuado equilibrio entre la rentabilidad, los riesgos y la sostenibilidad.

El siguiente paso será tratar de integrar la información financiera y la no financiera, que no se vean como dos cuerpos de información distintos, sino como uno solo integrando en él la información.

Todavía en los albores de su desarrollo técnico, se encuentra un nuevo Balance Social, una herramienta que permitirá medir y auditar el cumplimiento por la empresa de sus metas financieras y sociales, y que detallará los beneficios y costes que conlleva la actividad de la empresa para la sociedad en un determinado periodo de tiempo comprendiendo tanto resultados positivos como negativos. El Balance Social, no como instrumento de *marketing*, sino para conocer la situación real y la evolución en el tiempo de la actividad empresarial en relación con sus responsabilidades y para poder ser utilizada para mejorar sus logros año a año.

Y termino.

Fundación Bancaria Ibercaja continúa con el legado de la Caja de Ahorros, una extraordinaria historia de compromiso con el territorio en estos 148 años de existencia y con la voluntad de mantener un banco independiente con sede en Aragón que con su actividad financiera facilite la futura acción social y cultural de la Fundación a través de su participación accionarial mayoritaria. Ambas entidades, Fundación y Banco, prosiguen con el espíritu fundacional de la Caja.

Son pocas las comunidades autónomas que, en la actualidad, cuentan con una fundación bancaria relevante y con un banco que, controlado por esta, sea igualmente significativo y mantenga su sede social, fiscal y sus servicios centrales en su tierra de origen. Por lo tanto, se trata de una evidente ventaja competitiva de Aragón frente a otras comunidades autónomas, ahora y en el futuro.

Me gustaría concluir a modo de epílogo o síntesis afirmando que tras 150 años de historia las CA desaparecen y con ellas desaparece la oportunidad de demostrar que son posibles instituciones basadas en la participación de los SH con capacidad de competir en el mercado y al mismo tiempo comprometidas socialmente.

No fracasaron porque no se adaptaron a un entorno capitalista; lo que falló fue el gobierno corporativo y también fallaron los responsables de su tutela y control.

Como dice Luis Ángel Alonso Saravia: «con ellas se pierde un hipotético referente de empresas democráticas, un ingrediente para la saludable diversidad institucional y unas fuentes irreparables de recursos para el bienestar social».[6]

Por el contrario, en palabras de Domingo García Marzá: «se gana una lección, la de aprender las consecuencias de politizar en lugar de moralizar».[7]

La Caja de Ahorros de Zaragoza, tras 136 años de vida, podemos decir que desapareció sin causa justificada; sin embargo, su espíritu sigue vivo, así como su razón de ser y su compromiso con el territorio, a través de Ibercaja Banco y a través de la Fundación Ibercaja.

Muchas gracias a todos por su interés y su atención.

---

6   Luis Ángel Alonso Saravia. *Las cajas de ahorros desde su fundación hasta su desaparición* (2022).

7   Domingo García Marzá. *Ética o crisis, la distribución de la responsabilidad.* Universidad Jaime I (2012).

Este libro se terminó de imprimir
en los talleres
de La Imprenta Comunicación Gráfica
en Paterna
el día 24 de octubre de 2024